A Fun Book of Word Search Puzzles for Bright Kids.

Merrick Mitchell

Table of Contents

HARD PUZZLES

Introduction

Congratulations on your purchase of "A Fun Book of Word Search Puzzles for Bright Kids."

Work your way through the word searches, testing yourself with the gradual increase of difficulty ranging from easy, moderate and hard. Based on topics of all sorts there is bound to be something you love within.

The aim of the game is to find the words inside the box of jumbled letters. It is recommended once you have found a word, highlight the word both in the box and also down below to signify that particular word has been found.

Within each word search you will find that words will be placed either forwards, backwards, upwards, downwards, and some even diagonally.

If you get stuck, remember that you have some great friends and family that can help get you through the book. Most importantly enjoy and have fun.

Helpful Tip

Scan through each row of the word search to reveal the letter of the word you are looking for. After finding the first letter look in all surrounding directions to slowly piece together that word letter by letter. As you progress through the book this technique will become more and more useful.

**For an exciting contest… why not challenge your friend to see who can find the most words in each puzzle?*

The player with the most words found wins that round.

To make it even more interesting, instead of each word ranking a point, count each letter as a point. The player finding the larger words will rank more points overtime, granting them the win.

Easy

Puzzles

<u>Chess</u>

```
E  P  B  S  K  D  O  X
Z  A  I  L  S  I  O  K
N  W  S  N  R  E  N  S
E  N  H  O  A  I  H  G
E  T  O  I  G  B  W  C
U  K  P  H  Z  R  K  R
Q  Z  T  K  C  A  L  B
W  H  I  T  E  Q  Z  B
```

BISHOP	KING	QUEEN
BLACK	KNIGHT	ROOK
CHESS	PAWN	WHITE

<u>Circus</u>

```
B A L L O O N H
S T E K C I T P
C L O W N C A O
M J T N E T B P
S E M U T S O C
J U G G L E R O
C I R C U S C R
S E L I M S A N
```

ACROBAT	COSTUMES	TENT
BALLOON	JUGGLER	TICKETS
CIRCUS	POPCORN	
CLOWN	SMILES	

<u>Colors</u>

```
D  E  L  B  O  E  G  W
Y  E  L  R  C  D  R  O
Q  U  R  P  V  H  E  L
E  G  N  A  R  O  E  L
B  R  O  W  N  U  N  E
E  D  A  U  H  Y  P  Y
J  Z  P  Q  M  Z  S  G
B  D  P  K  N  I  P  P
```

BLUE	ORANGE	RED
BROWN	PINK	YELLOW
GREEN	PURPLE	

Cooking Utensils

```
Z  I  N  T  F  L  R  K
F  E  U  O  A  E  S  O
O  V  S  D  O  I  A  K
R  X  L  T  H  P  K  N
K  E  G  W  E  Y  S  I
R  E  X  I  M  R  X  F
B  O  W  L  L  H  M  E
C  S  P  A  T  U  L  A
```

BOWL	LADLE	SPOON
FORK	MIXER	WHISK
KNIFE	SPATULA	ZESTER

Disney Movies

```
A  M  I  N  O  F  C  T
V  L  E  B  R  C  O  A
M  M  A  O  M  B  C  N
O  O  Z  D  M  A  O  G
B  E  A  U  D  A  B  L
N  A  D  N  C  I  L  E
N  A  Z  R  A  T  N  D
L  I  O  N  K  I  N  G
```

ALADDIN	FROZEN	TANGLED
BAMBI	LIONKING	TARZAN
COCO	MOANA	
DUMBO	NEMO	

Flowers

```
D K H E A L F F
K A S L P O A V
S O I O R T Y R
R I P S M U L H
F P R M Y S I D
Y H J I V W L A
P I L U T W Q V
B L U E B E L L
```

BLUEBELL   LILY   ROSE
DAISY   LOTUS   TULIP
IRIS   POPPY

<u>Summer</u>

```
H P O O L J M I
F C D S R I C N
V J A H W E A A
G A O E C I P E
M T K R B D M C
W I E N U S S O
B A A Y M T M J
M G N I P M A C
```

BEACH   HOT   SUN
BIKE   ICECREAM   SWIM
CAMPING   OCEAN
CAP   POOL

<u>Superheroes</u>

```
S  Q  T  A  H  A  B  N
K  H  H  Q  E  R  A  A
L  V  O  U  L  T  T  M
U  T  R  A  L  K  M  N
H  N  X  M  B  E  A  O
I  J  P  A  O  L  N  R
F  C  D  N  Y  E  F  I
L  R  I  G  T  A  B  Y
```

AQUAMAN	ELEKTRA	IRONMAN
BATGIRL	HELLBOY	THOR
BATMAN	HULK	

Superhero Villains

```
U  L  T  R  O  N  D  H
O  K  X  O  K  A  S  A
E  Y  E  S  L  L  U  B
C  A  T  W  O  M  A  N
O  T  E  N  G  A  M  B
I  K  O  L  L  X  A  K
V  E  N  O  M  N  L  E
B  Y  T  R  E  K  O  J
```

BANE	JOKER	ULTRON
BULLSEYE	LOKI	VENOM
CATWOMAN	MAGNETO	

Winter

```
E F N L B S D E
T C K Q K L B P
A C I I O T J Z
O F I C F I R E
C N R E T N I W
G Z A A W O N S
F X I X C F D S
Z M N V E S K F
```

COAT	ICE	SKIING
COLD	RAIN	SNOW
FIRE	SCARF	WINTER

Farm Animals

```
R  L  P  N  G  V  E  P  I  G
E  O  L  O  E  S  B  Q  X  S
T  S  D  A  O  K  L  C  G  H
S  E  E  O  M  B  C  B  B  E
O  P  G  D  G  A  M  I  Q  E
O  C  U  T  A  O  G  A  H  P
R  C  M  X  W  X  W  X  L  C
K  O  Z  I  H  Q  O  G  E  E
H  O  R  S  E  E  C  K  S  X
C  O  L  A  F  F  U  B  L  J
```

BUFFALO	GOAT	PIG
CHICKEN	GOOSE	ROOSTER
COW	HORSE	SHEEP
DOG	LAMB	
DUCK	LLAMA	

<u>Fruits</u>

```
L L E M O N P C F M
B N O L E M T V W A
H A C O C O N U T N
C C N Z M L E L R G
A I Y A P R P I C O
E U T R N L A M H M
P O C C R A R E E U
E L P P A E G F R L
Q N D A T E B A R P
R A E P B K G X Y G
```

APPLE	DATE	MELON
BANANA	GRAPE	PEACH
BERRY	LEMON	PEAR
CHERRY	LIME	PLUM
COCONUT	MANGO	TOMATO

Insects

```
R E K Y M W B L S M
E L V L N A E Q A Q
D Q C F X S E N Z E
I R K R A P T C H B
P H O E I I L E E B
S Q L T S C E Y Z U
J F N T O L K K L Q
V Z C U X C F E N F
Q O L B M O T H T J
D R A G O N F L Y V
```

ANT	CRICKET	MANTIS
BEE	DRAGONFLY	MOTH
BEETLE	FLEA	SPIDER
BUTTERFLY	FLY	WASP

Musical Instruments

```
T E P M U R T T N D
A M I E F C R N H R
B Y A L L I E A K U
U A U N A E R L N M
T T S N R P L I L S
E L G S A H L E X O
S L M F T O H O K U
E O N A I P V B H U
X Q N V U B A N J O
E O B O G S I T A R
```

BANJO	HARP	TUBA
BASS	OBOE	UKELELE
CELLO	PIANO	VIOLIN
DRUMS	SITAR	VOX
FLUTE	TRIANGLE	
GUITAR	TRUMPET	

Pokemon

```
L V P U H O K C O E
L O F I N T U H O K
Y L J I K B W T V A
E T X Y O A T O Z N
G O S N N I C S E S
D R E B D X D H Y M
I B R A G N E G U K
P E E V E E W E M H
M E L O G Z U B A T
W Q O E H O P Y S K
```

CUBONE	GOLEM	PIDGEY
DITTO	JYNX	PIKACHU
EEVEE	MEOWTH	VOLTORB
EKANS	MEW	ZUBAT
GENGAR	ONIX	

Planets

```
S  M  O  O  N  S  R  K  S  J
U  U  N  O  R  E  K  Z  A  H
N  O  N  A  T  U  B  L  T  G
E  E  M  I  R  S  U  Q  U  H
V  R  P  M  E  R  C  U  R  Y
N  U  F  T  A  O  R  M  N  M
J  J  O  N  U  D  T  Z  U  R
X  L  U  L  W  N  Y  U  S  U
U  S  H  T  R  A  E  X  L  C
W  V  Y  N  D  Q  X  V  D  P
```

EARTH	MOON	SUN
JUPITER	NEPTUNE	URANUS
MARS	PLUTO	VENUS
MERCURY	SATURN	

Shapes

```
T W S L D C Z V R T
Q R A S I E J B H F
H V I R O B J T O K
O P C A S R U R M F
F L A X N F C A B L
E S Y Z T G E E U I
P W F H R Z L H S A
E R A U Q S V E N K
R E C T A N G L E K
S T A R Z I J F B F
```

CIRCLE	OVAL	SQUARE
CROSS	RECTANGLE	STAR
HEART	RHOMBUS	TRIANGLE

<u>Vehicles</u>

```
M  J  N  T  I  Y  I  T  O  R
F  O  A  I  X  X  R  R  E  S
T  O  T  C  A  A  O  T  K  C
B  A  A  O  C  R  P  Y  C  O
B  R  N  T  R  O  T  S  U  O
U  V  O  K  C  B  U  L  R  T
S  R  Y  I  I  V  I  G  T  E
G  L  L  N  A  V  M  K  H  R
A  E  R  O  P  L  A  N  E  E
H  Y  G  G  U  B  C  A  R  T
```

AEROPLANE	CART	TRACTOR
BOAT	HELICOPTER	TRAIN
BUGGY	MOTORBIKE	TRUCK
BUS	SCOOTER	VAN
CAR	TANK	

Moderate Puzzles

Animals of the Ocean

```
H  J  H  E  S  D  S  K  S  W  U  H
B  S  S  N  Y  T  H  D  R  E  S  D
M  S  I  Z  R  U  A  Z  I  I  A  E
Y  U  F  F  V  N  R  R  F  U  L  L
S  P  Y  M  N  A  K  D  F  T  Q  L
T  O  L  A  N  W  R  D  R  I  B  S
I  T  L  L  J  O  O  U  J  A  S  E
N  C  E  C  W  L  T  L  R  F  E  H
G  O  J  S  P  V  M  C  C  L  E  P
R  P  P  H  S  E  A  H  O  R  S  E
A  P  I  R  E  T  S  B  O  L  Y  M
Y  N  W  A  L  R  U  S  O  R  C  A
```

CLAM	LOBSTER	STARFISH
CLOWNFISH	OCTOPUS	STINGRAY
CRAB	ORCA	SWORDFISH
DOLPHIN	SEAHORSE	TUNA
EEL	SEAL	TURTLE
JELLYFISH	SHARK	WALRUS
KRILL	SQUID	

<u>Astrology</u>

```
W K G S K S G U K H A S
A P E N V P E N C I R U
F P M E R O L I E U B I
N Y I E G O R O R T I R
E U N R E H C P O A L A
S U I R A T T I G A S U
K V L E O P P V R E P Q
T C X K I R O B Z P I A
R N I S O M S U R U A T
C X C C C A N C E R R C
I E S B R P B P B M J F
S Z V L V Y X I X T P I
```

AQUARIUS	GEMINI	SAGITTARIUS
ARIES	LEO	SCORPIO
CANCER	LIBRA	TAURUS
CAPRICORN	PISCES	VIRGO

<u>Board Games</u>

```
P M T K U E U D S P O C
T I S R L P O C U A C H
X I H G O M L D K R C E
R K G S I U B I O T I C
K O H N E L B D L E M K
B D I D X L K L B S E E
Y O O C F H T I E U D R
N C O P E R A T I O N S
Y L O P O N O M A M A S
N O M M A G K C A B P E
S C R A B B L E D E X H
R E T S I W T N A T A C
```

BACKGAMMON	CHESS	PANDEMIC
BATTLESHIP	CLUEDO	RISK
BLOKUS	DOMINION	SCRABBLE
BOGGLE	MONOPOLY	TROUBLE
CATAN	MOUSETRAP	TWISTER
CHECKERS	OPERATION	

Car Brands

```
C R P C F A I K U Z U S
H Z O W A U H P E E J N
R D R M B D S V A V O A
Y Y S D M I I M O G W T
S E H D A R B L A L X O
L L E M A T U W L B V Y
E T I R U S S S O A O O
R N R I U K T U K V C T
I E S B L Y I J N W M B
F B A O T S M D O D G E
B R V C H E V R O L E T
U W Y S E D E C R E M O
```

AUDI	DODGE	SUBARU
BENTLEY	FERRARI	SUZUKI
BMW	JEEP	TOYOTA
CADILLAC	MERCEDES	VOLKSWAGON
CHEVROLET	MINI	VOLVO
CHRYSLER	MITSUBISHI	
DATSUN	PORSHE	

<u>Chinese New Year</u>

```
N E B L A G E E M D O Y
R O S U S N K S O N L Q
J O I R U B A E N R L A
H H O T O Y N N K A B X
K V R S A H S I E M C R
C O L C T R F H Y G A T
F E E X G E B C P B M R
C A I D O Z R E B D E M
N E W Y E A R I L G O E
X P J C S Q T A I E R G
B G D R B U D T Y A C S
B O A R T O X I T S S L
```

BOAR	HORSE	RAT
CELEBRATION	MONKEY	ROOSTER
CHINESE	NEWYEAR	SNAKE
DOG	RABBIT	TIGER
FORTUNE	RAM	ZODIAC

Christmas

```
F Y F R U D O L P H Z V
M P V Q N A H G I E L S
V I S L L E B E L V E S
G N S C H R I S T M A S
N E N T H B D P Y N N M
I C O Q L R R T T L Y C
K O W Q U E H A E L A S
C N M Y S G T S L R O O
O E A E U N N O O F O W
T L N A G I J L E C I N
S T N M T G S A N G E L
S I T I R E E D N I E R
```

ANGEL
BELLS
CAROLS
CHRISTMAS
ELVES
GINGERBREAD
JOLLY

MISTLETOE
NAUGHTY
NICE
PINECONE
PRESENTS
REINDEER
RUDOLPH

SANTA
SLEIGH
SNOWMAN
STOCKING
TINSEL

Desert Animals

```
M C E L S D B O J V A R
W E W T R P O I U O N E
K O E A O R I L N M A N
I W Z R A Y T D O A U N
F I A G K U O U E T G U
L M N H R A S C O R I R
I A I E N E T X S C D D
K E L T E E B O T A R A
R A B B I T L F R M S O
S C O R P I O N I E A R
C K N S S L U F C L U V
E K A N S G L O H N L E
```

BEETLE	KANGAROO	RABBIT
CAMEL	LIZARD	ROADRUNNER
COYOTE	MEERKAT	SCORPION
FOX	MOUSE	SNAKE
HAWK	OSTRICH	SPIDER
IGUANA	OWL	VULTURE

Herbs & Spices

```
Q O W C T C Y K R T T E
P N G J I A U O K N H G
C A I K B R S M B F Y A
I G N Q N E E L I L M S
N E G C M G G M E N E F
N R E A N O G A R R A T
A O R B M S F T R U S L
M Y R F E N N E L L T H
O L T V G E M T U N I M
N X O P E P P E R M C C
N L L I D T E Q L U E Q
C L B S X E M X K V G M
```

CINNAMON	GARLIC	ROSEMARY
CLOVES	GINGER	SAGE
CUMIN	NUTMEG	TARRAGON
DILL	OREGANO	THYME
FENNEL	PEPPER	TURMERIC

Months of the Year


```
A  U  G  U  S  T  O  E  F  R  F  A
Y  U  T  V  V  P  P  N  H  E  E  P
S  R  E  B  M  E  C  E  D  B  B  R
M  E  A  X  A  W  V  N  V  O  R  I
Y  A  P  U  H  H  O  Q  D  T  U  L
V  L  R  T  N  V  U  B  L  C  A  S
X  C  F  C  E  A  V  Q  C  O  R  C
Z  E  W  M  H  M  J  U  C  K  Y  J
W  P  B  E  S  U  B  D  Y  L  U  J
Y  E  R  T  N  Y  L  E  Y  J  U  G
R  Z  X  E  K  D  A  Q  R  K  S  W
M  A  Y  H  C  Q  Y  M  C  O  X  H
```

JANUARY	MAY	SEPTEMBER
FEBRUARY	JUNE	OCTOBER
MARCH	JULY	NOVEMBER
APRIL	AUGUST	DECEMBER

Rainforest Animals

```
C N S T B W X G R B S F
X H A N E E O X A U P Q
H P I M A R A O U T I L
E T A M I K W R G T D R
K O O L P A E F A E E F
O F L L C A C S J R R F
H A I W S H N A Z F I G
D R A P O E L Z T L P F
A M N A C U O T E Y A R
M O N K E Y E L X E T O
P S I B C P T I G E R G
Q M Z R T S B I C V J T
```

BEAR	JAGUAR	SPIDER
BUTTERFLY	LEOPARD	TAPIR
CAIMAN	MAWCAW	TIGER
CHIMPANZEE	MONKEY	TOUCAN
FROG	SLOTH	
GORILLA	SNAKES	

Rocket League

```
S  R  R  T  S  O  O  B  D  W  E  N
O  M  A  O  E  R  E  R  U  G  L  I
C  V  N  B  C  V  A  K  N  X  B  Z
C  N  H  G  S  K  A  E  K  O  B  U
E  C  O  C  R  S  E  S  L  T  I  H
R  A  X  E  N  R  O  T  U  C  R  T
L  V  Y  D  E  P  F  R  X  T  D  O
C  L  U  T  D  H  T  P  C  F  B  H
F  A  N  K  J  L  Z  I  Q  I  T  S
Y  E  R  L  E  B  A  L  L  R  Q  A
C  M  X  S  P  M  U  J  F  D  X  H
I  S  J  J  L  E  A  G  U  E  E  A
```

BALL	DRIFT	ROCKET
BOOST	DUNK	SAVE
CARS	FLYER	SHOT
CENTER	GOAL	SOCCER
CLEAR	JUMP	TURTLE
CROSSBAR	LEAGUE	
DRIBBLE	LOB	

Simpsons Characters

```
B M H G H E L S E Y R L
E U V P I E M D S T S O
O J R G N I N E L S O N
M Y G N T A P G H U C I
E A Y H S H H M M R A D
M Y E R X O P I I K R V
Y R E B E M L Z L U L S
S T X N A E A G H W P V
E R T C R R R W O M Y A
E G R A M A T C U V Y R
R X J Q P L B A S I L W
R E N N I K S S E L M A
```

APU	KRUSTY	NELSON
BARNEY	LENNY	PATTY
BART	LISA	RALPH
BURNS	MAGGIE	SELMA
CARL	MARGE	SKINNER
EDNA	MILHOUSE	SMITHERS
HOMER	MOE	

<u>Space</u>

```
D G B A G E A N S U Y U
I R L C S N C O E A F L
O A A A U T M L W I I O
R V C L V S R Y I G L S
E I K O O O K O H P H A
T T H C R L N T N U S R
S Y O Y I A Y R T A O E
A H L M X E L T E C U N
O M E C A A L L K P T T
T I B R O E L E E S U N
E T I L L E T A S T G S
U N I V E R S E G N S Q
```

ALIEN	GRAVITY	SHUTTLE
ASTEROID	LIGHTYEAR	STELLAR
ASTRONAUT	LUNA	SUN
BLACKHOLE	MILKYWAY	SUPERNOVA
COSMOS	ORBIT	UFO
ECLIPSE	ROCKET	UNIVERSE
GALAXY	SATELLITE	

Toy Story

```
L X E B U Z Z Y B D S Y
J I E I I J D N U N L D
R E G R B N O I L O I O
O A S H A R N F L Y N O
H L X S T F A T S E K W
D A O I I Y X B E B Y Q
I S M N P E E I Y R K P
S F I M I J K A E L E T
N T S N E I L A R E Z O
Y O C O W B O Y P U U Y
Y Z E E H W K O R J A S
M K N N E K B G H W X I
```

ALIENS	COWBOY	REX
ANDY	HAMM	SID
BARBIE	INFINITY	SLINKY
BEYOND	JESSIE	TOYS
BO PEEP	KEN	WHEEZY
BULLSEYE	LIGHTYEAR	WOODY
BUZZ	PIXAR	ZURG

<u>Vegetables</u>

```
P O T A T O T W I E P H
R N R O C O O L T G A C
Y A O A N V O S K G R A
S L D I K C R A B P S N
I U O I C E T E E L N I
N N G O S O E P A A I P
I V R A R H E L N N P S
H B I R R K B Y S T Z F
C D A D C A P S I C U M
C C P N I K P M U P D E
U U M O O R H S U M O O
Z C A B B A G E A A Y E
```

ASPARAGUS	CORN	POTATO
BEANS	EGGPLANT	PUMPKIN
BEETROOT	LEEK	RADISH
BROCCOLI	MUSHROOM	SPINACH
CABBAGE	ONION	ZUCCHINI
CAPSICUM	PARSNIP	
CARROT	PEAS	

<u>Weather</u>

```
R F E T U D P X E O R N
L I A H S U Y J D E T I
F P L L U I R N D L I A
U O Z E V Y M N T Z M R
E I G K O S U O B Z Y I
G N I N T H G I L I I R
C Q I O T W U O K R F W
E L R H O E H R R D Z F
E M O N S W E A T H E R
O Z S U R N O H K X V O
V W H J D C U O Z G Z S
W I N D P S D S C R B T
```

CLOUDS	LIGHTNING	SUNSHINE
DRIZZLE	MIST	THUNDER
FOG	RAIN	WEATHER
FROST	SNOW	WIND
HAIL	STORM	

Zoo Animals

```
A C F R B R N E C T Y H
V L D E E A L E W A Y A
B D L G C E Q R T K G A
N M I I P E F F A R I G
O T L H R T O Y O E L E
O E A C U O S N C E I K
P N M R B E G J I M O A
T B T O A D N A P H N N
X L E L N Z E B R A R S
E D R A K K J A G U A R
Q Y M O R L E Z P B W E
Q B L Z A Z A Y N T T T
```

BEAR	MEERKAT	SNAKE
ELEPHANT	MONKEY	TIGER
GIRAFFE	PANDA	TURTLE
GORILLA	PELICAN	ZEBRA
JAGUAR	RHINO	
LION	SEAL	

Hard

Puzzles

American Presidents

```
J A H W R T Y S R V T Y M C R G
G V R E A D N O T N I L C A D E
Q N L T E S O A D A M S H R F L
N Y I N H S H B U S H O E T G T
T A N D E U L I N C O L N E T G
P E G V R C R C N V L J G R N R
K J E A Q A J X E G S W W C A A
O L J M E Z H R D M T V R B M N
T Y E A B R R E O R N O M L U T
T U F X K U H G N Q F Z N U R P
H C F D W A R O O V Q O F V T M
Q I E A Y A S E S B E B R X I U
W Y R E M L Q E N O X I N D M R
Y K S V I A W T H E F Z Y H C T
Z J O W G S B Q O U W O H S O F
N S N V V M P O J H O I D N H Y
```

ADAMS	HAYES	REAGAN
ARTHUR	HOOVER	ROOSEVELT
BUREN	JEFFERSON	TRUMAN
BUSH	JOHNSON	TRUMP
CARTER	KENNEDY	TYLER
CLINTON	LINCOLN	WASHINGTON
FORD	MONROE	WILSON
GRANT	NIXON	
HARDING	OBAMA	

<u>Companies</u>

```
B Z M F N S G C T X C Y A Q C E
A B T I A N G E A A E C A A F G
I P K F U C B O N M T D D H O S
D E P S O A E O L I A B E O O E
U Q M L H S N B V L U Z G F S O
V A Z P E A O A O R E L O B K X
S G L D L L T R Y O E K B N C I
A A L I H I K X C D K A T I U L
I A E S O B R A D I D A S F B F
D S T N X A B M E E M A M P R T
I I N E W B E L T S E N J E A E
V V I Y Q A S X O B P O R D T N
N F Y O G S D L A N O D C M S D
C O C A C O L A T O C S I C B E
I Z Q L O L J E T E S L A R M L
Y N O S L V V I R G I N M Z C L
```

ACTIVATION	DELL	NESTLE
ADIDAS	DISNEY	NETFLIX
ALIBABA	DROPBOX	NIKE
ALPHABET	FACEBOOK	NVIDIA
AMAZON	FEDEX	SAMSUNG
APPLE	GOOGLE	SONY
BAIDU	IBM	STARBUCKS
CADBURY	INTEL	TESLA
CANON	KELLOGS	VIRGIN
CISCO	MCDONALDS	VISA
COCACOLA	MICROSOFT	YAHOO

Countries

```
A T R H F C A I D B B W R A U H
A I L A R T S U A N R S A C G U
L Y D F A L O G X M A O W I A N
F L Y N I B V H E E A L D R N G
I R L Z I H M Z S R S N I F D A
E V A E N G L A N D M R T A A R
W R T N G D C T Z I E A B E H Y
B W I S C I B J S L P X N V I T
A L K O R E A R A T O G O Y G V
B M M E G C A N A D A W H M R D
M O M A H E D E N I A R K U E N
I A C I L N V A A I V T A L E A
Z P N I A T P T S T P Y G E C L
F A P U X A A S T U R K E Y E O
U B R A J E U N I A P S F Z S P
L U Z R S R M Q I I V E C Z J J
```

AFRICA	HUNGARY	POLAND
AMERICA	INDIA	RUSSIA
AUSTRALIA	IRELAND	SPAIN
BRAZIL	ISRAEL	THAILAND
CANADA	ITALY	TOGO
CHINA	JAPAN	TURKEY
EGYPT	KOREA	UGANDA
ENGLAND	LATVIA	UKRAINE
FRANCE	MALTA	VIETNAM
GERMANY	MEXICO	ZAMBA
GREECE	NAURU	ZIMBABWE

<u>Dinosaurs</u>

```
S E R O V I B R E H Q S S S J S
S U E X T I N C T U U U B U U U
E U R H F X P G I C R N O R T R
R B H U N O K Z O U X O N U P U
O B D P A M S D A A G B E A T A
V F Q J O S O S E V W O S S E S
I D R V E L O C I R A P T O R O
N P T M P N O N X L F N L G O I
M D B I N T Y R I L Z O P E S H
O U D A B V B N U P T D L T A C
S U R U A S O L L A S O O S U A
O Y R U A S O N I D S N N V R R
T S I G O L O T N O E A L A P B
C I R O T S I H E R P U R S L Z
T R I C E R A T O P S G C A Z I
D N C A R N I V O R E I N Q P A
```

ALLOSAURUS	FOSSIL	PTEROSAUR
BONES	HERBIVORE	SPINOSAURUS
BRACHIOSAURUS	IGUANODON	STEGOSAURUS
CARNIVORE	OMNIVORE	TRICERATOPS
DINOSAUR	PALAEONTOLOGIST	TYRANNOSAURUS
DIPLODOCUS	PARASAUROLOPHUS	VELOCIRAPTOR
EXTINCT	PREHISTORIC	

<u>Gemstones</u>

```
A E X R G N T H E X L G W E R E
M T X Y N O G U W R A E T A P V
E I P R H C Y B R L I A N H S P
T L D J C R M R E Q G H M I E Q
H A L E W I E X J A U V P R P M
Y D T A N Z A N I T E O I P Q S
S O B Y P N R I I H K D I E A E
T S E W D O H B I L O W S S N S
O X T R O Z E A G T A D A O E T
E T I R O D A R B A L M T Y S O
P T H E T I R Y P A E S R B P P
E E C B E R Y L R T N J F U T A
O K A Z J G A E R O A D S R O Z
T E L R F M M I O D W Y X M X T
W D A Z L E N M E T I R O U L F
W P M E J E L A R I M A R P H Y
```

AGATE
ALEXANDRITE
AMETHYST
AMETRINE
BERYL
EMERALD
FLUORITE
JADE
LABRADORITE

LARIMAR
MALACHITE
MOONSTONE
ONYX
OPAL
PEARL
PERIDOT
PYRITE
RUBY

SAPPHIRE
SODALITE
SPINEL
TANZANITE
TOPAZ
TOURMALINE
TURQUOISE
ZIRCON

Greek Mythology

```
S  M  C  Q  P  A  A  P  D  E  S  O  R  E  M  P
E  P  W  H  S  A  O  N  T  I  U  H  N  F  I  E
S  Z  O  U  A  S  N  I  E  K  O  I  P  S  N  G
Q  U  D  L  E  D  D  N  H  G  N  U  R  O  A
A  E  T  I  C  O  E  L  O  W  T  P  Y  M  T  S
M  R  D  S  R  Y  P  S  H  R  I  A  E  S  A  U
I  O  E  H  E  E  C  A  P  D  A  M  D  E  U  S
N  Y  P  H  R  A  R  I  E  K  S  I  O  M  R  S
H  A  B  S  N  E  H  O  S  P  U  D  R  R  B  H
H  Z  E  D  S  H  S  P  R  W  E  A  E  E  I  O
Q  U  C  A  R  Y  K  V  E  W  Z  S  T  H  A  V
S  I  M  E  T  R  A  Y  P  H  V  J  E  E  Y  U
V  Z  F  N  A  R  C  I  S  S  U  S  M  B  T  G
O  L  Y  M  P  U  S  N  E  V  Z  S  E  V  H  O
O  L  L  O  P  A  T  I  T  A  N  S  D  I  C  G
T  Y  W  H  S  Y  O  N  H  N  B  P  R  A  Z  B
```

APHRODITE	HADES	OLYMPUS
APOLLO	HEPHAESTUS	PANDORA
ARES	HERA	PEGASUS
ARTEMIS	HERMES	PERSEPHONE
ATHENA	MEDUSA	PERSEUS
CYCLOPS	MIDAS	POSEIDON
DEMETER	MINOTAUR	TITANS
DIONYSUS	NARCISSUS	ZEUS
EROS	OEDIPUS	

Halloween

```
S  Y  F  S  X  P  H  V  E  B  R  D  V  M  G  Y
K  G  D  P  K  A  K  R  J  M  E  R  L  E  B  N
U  D  B  N  U  E  I  V  B  C  D  A  C  G  O  M
L  N  P  N  A  P  L  E  V  B  N  Y  X  H  J  Q
L  S  T  M  M  C  W  E  C  Q  U  E  L  H  C  T
S  E  U  A  W  R  W  S  T  V  H  V  E  T  S  T
D  Q  V  I  E  W  P  J  K  O  T  A  X  O  K  R
Y  E  T  D  K  O  T  M  J  V  N  R  H  N  E  I
I  C  I  C  O  N  S  T  U  M  E  G  W  N  E  C
H  P  J  K  N  T  S  C  A  R  Y  R  E  W  G  K
S  N  Y  J  U  I  R  P  R  E  F  V  R  O  V  W
E  I  B  M  O  Z  K  E  K  E  T  Y  E  L  F  N
R  E  T  S  N  O  M  P  A  Z  A  T  W  C  P  D
F  F  B  P  P  W  Q  J  M  T  E  M  O  W  V  J
C  O  F  F  I  N  J  W  N  U  U  A  L  K  S  Z
L  O  B  O  W  S  G  D  C  R  P  U  F  R  I  W
```

CANDY	PUMPKIN	TREAT
CLOWN	SCARY	TRICK
COFFIN	SCREAM	VAMPIRE
CONSTUME	SKELETON	WEREWOLF
GHOST	SKULLS	WITCH
GRAVEYARD	SPIDERWEB	ZOMBIE
HAUNTED	SPOOKY	
MONSTER	THUNDER	

Harry Potter

```
K A E Z L Y D C M W F H G F P D
C L A P L L E I A E Q A N E U X
I K Y N A M X L H C S F I M D U
T V N I W N C H S X V N B G Y R
S M O P A N S L N A Y L U E Q C
M P G L E S L Y T H E R I N U R
O O C V D Q F Y P D H W K H I O
O X A D Y E O F O O Y A E W D H
R R U U O F M R U H T R S Q D P
B X W F L W E O J P M T Z V I W
S T R A W G O H R I E O E Z T I
D P M Y H L A H O T C L R R C Z
N I M B U S A N C D Z P F V H A
A Q W H W R E C I G A M J F H R
W H K H R O D N I F F Y R G U D
W U T Y F L D L B P X U I C S H
```

BROOMSTICK	HUFFLEPUFF	SLYTHERIN
DUMBLEDORE	MAGIC	SNAPE
GRYFFINDOR	MALFOY	VOLDEMORT
HARRY	NIMBUS	WAND
HERMIONE	POTTER	WEASLEY
HOGWARTS	QUIDDITCH	WIZARD
HORCRUX	RAVENCLAW	

Minecraft

```
X W B M T C Q S U P X W Q H S N
N S P I F R X E U O K Y F H O K
D E S N A E C A N R U F O T R T
L B T U R E G N V T Z V E U S X
I X E H C P A N N A E L O E D G
U T V Z E E O T X L E M H I K N
B H E F N R Q Y U K R C A W S I
S U R V I V A L S A E M W T D L
B J R X M Q K N Q H O I O B L P
R E D I P S J B W N O N B L O A
M T D C R A F T D A E R L M G S
F I C R H E A L T H P A S A O H
L A V A O K K D R O W S X E O Z
C Y Z N P C L W I G C T E E P C
D Y B H I F K L U Q T G G R S I
F H C D G N Q P H E N O V T R X
```

ARMOUR	GOLD	SAPLING
AXE	HEALTH	SHOVEL
BEDROCK	HORSE	SKELETON
BUILD	IRON	SPIDER
CHEST	LAVA	STEVE
COAL	MINECRAFT	STONE
CRAFT	NETHER	SURVIVAL
CREEPER	PIG	SWORD
DIAMOND	PORTAL	TNT
FURNACE	RESPAWN	ZOMBIE

Mythical Beasts

```
K L H T V S N X D S A S B S U V
N S K J G B N H E E C N A U R P
S G I O X I E A E I H E N R N E
P U Y L H H C G S P E R S E D J
A F A P I E O E G R R I H B R L
A W S T N S P D R A I S E R V B
R R O T P O A B C H H U E E M S
G B A Y L H B B D R A K E C S G
C U T C S T E M I N O T A U R G
R W Y M H N J O E A H H R O O F
J C N K E N O K N W L H Y R H Z
R I D Y S U E G M I T L G D C A
X A R E M I H C A R X O Y H R I
P E G A S U S J O R N R S C B A
G Z F A S U D E M V D O M T S L
N U N C W X S B M T P K U D V X
```

ACHERI	CYCLOPES	MINOTAUR
ARACHNE	DRAGONS	ORTHRUS
BANSHEE	DRAKE	PEGASUS
BASILISK	GORGON	PHEONIX
CENTAUR	HARPIES	SCYLLA
CERBERUS	HYDRA	SIRENS
CHIMERA	MEDUSA	SPHINX

Natural Disasters

```
X S W Q M N X B V A K N E U X B
E H C N A L A V A I E O N T M G
M W P E S C H W M A D O A Y U C
U R J D G Y I A R E I S C P C B
I M O E N L N T G I D N I H P L
Q Q X T D U H H E N G O R O P I
W V M F S Q E D T V N M R O D Z
V I I T U L I D G F Z Q U N B Z
B R N A Y L I V L T Z H H E K A
E T K D S P O A E N O L C Y C R
V E H D S L I G H T N I N G S D
M M N G C T W I S T E R I C Z G
M A P A U F O W B A O Z L R M Z
L H N V Z O S R N F C Y J E S U
C O M R N L R D M C O S K Z S Z
N A U O Z Q F D O O L F N P L E
```

AVALANCHE	HAILSTORM	TWISTER
BLIZZARD	HURRICANE	TYPHOON
CYCLONE	LANDSLIDE	VOLCANO
DROUGHT	LIGHTNING	WILDFIRE
EARTHQUAKE	MONSOON	WINDSTORM
FLOOD	TSUNAMI	

NBA Teams

```
K S H T H V S Y R T Z J Q S S Z
N C N L I R B O B C A T S R R K
I W Z O E M S S R D E S O O H
C D I Z T K B M K R M T H T I O
K X A Z W S A E G C E K A P R R
S L D A A G I R R K U P M A R N
B D H J I R I P C W L B P R A E
H C A C D Z D O Y H O T C I W T
T T E D Z L R S L F C L A D L S
P H I L A D E L P H I A V S U C
I X I K T H U N D E R I A E T S
R E E R A I S R E C A P L V S L
S R U P S X C K I N G S I T T L
S K W P M F S S S U N S E G Y U
Q J C M S T E G G U N N R F G B
S K C I R E V A M R C N S C D G
```

BLAZERS	JAZZ	RAPTORS
BOBCATS	KINGS	ROCKETS
BUCKS	KNICKS	SPURS
BULLS	LAKERS	SUNS
CAVALIERS	MAGIC	THUNDER
CELTICS	MAVERICKS	TIMBERWOLVES
CLIPPERS	NETS	WARRIORS
GRIZZLIES	NUGGETS	WIZARDS
HAWKS	PACERS	
HEAT	PHILADELPHIA	
HORNETS	PISTONS	

<u>NFL Teams</u>

```
S E S Z S K R G P S S S N B U S
Y R T J A Z X E M A A N U E R R
O Y E R N D G A D I C C O E F S
B G J G F S R K N S C K H I T E
W P A T R I O T S A K T E E L A
O R S Q A A S C N F N I E R R H
C A E B N K H E N A E L N T S A
K I L I C D E C P O E I V S N W
X D G L I R Z X E R R I H H I K
J E A L S G A G S S K B B C H S
P R E S C S L A N I D R A C P R
V S N W O R B O N T E B Q Y L A
G I A N T S C G S N A X E T O V
S T L O C L S T I T A N S A D E
J A G U A R S W O K W O L I R N
Z W R F I Y H W S L A G N E B S
```

BEARS	DOLPHINS	RAMS
BENGALS	EAGLES	RAVENS
BILLS	FALCONS	REDSKINS
BRONCOS	GIANTS	SAINTS
BROWNS	JAGUARS	SANFRANCISCO
BUCCANEERS	JETS	SEAHAWKS
CARDINALS	LIONS	STEELERS
CHARGERS	PACKERS	TEXANS
CHIEFS	PANTHERS	TITANS
COLTS	PATRIOTS	VIKINGS
COWBOYS	RAIDERS	

<u>NHL Teams</u>

```
D B E S S E S U S I P B B C W S
P P L G R E H R K A P L R A I A
X R N U T O E C N H D A U P N B
R I E O E D T T N E F C I I G R
K A Y D N J H A V A H K N T S E
S O N A A E A I N U L H S A C S
C E L G R T L C R E J A B L D J
D S U S E S O R K E S W V S S S
I K M L O R I R T E F K H A N K
A C F Z B C S S S D T S I Z E C
S U T W A K N I G H T S C A I U
R D X N S F A E L E L P A M D N
E D E L I G H T N I N G T B A A
Y S N I U G N E P S T A R S N C
L O I L E R S S E M A L F W A W
F S K R A H S D L I W R C S C R
```

AVALANCHE	FLAMES	PENGUINS
BLACKHAWKS	FLYERS	PREDATORS
BLUE JACKETS	HURRICANES	RANGERS
BLUES	ISLANDERS	SABRES
BRUINS	JETS	SENATORS
CANADIENS	KINGS	SHARKS
CANUCKS	KNIGHTS	STARS
CAPITALS	LIGHTNING	WILD
COYOTES	MAPLELEAFS	WINGS
DEVILS	OILERS	
DUCKS	PANTHERS	

Physics

```
N V Y T W N M N O N W S C B N S
P O V T O E O S O K B A K I I C
S X I T I I F I I Y I Y T P E R
E P W T T S T F V T T N H T T E
R E E C A C N E I I E Y E R S F
N S I C U R L E V C S N E T N L
A R E D T O E A D I I L G Q I E
F T N C C R R L C R A E B A E C
P O O I R G U S E T S Z N U M T
C Z T M X O V M I C G F T C P I
U Y U M S Q F V K E C E Y R Y O
R R H A W K I N G L Z A M X E N
I I Q S Z T Y C N E U Q E R F H
E J K S Y N E U T R O N S N L C
D I S P E R S I O N T H E O R Y
T N E R R U C G C E N I B R U T
```

ACCELERATION	FORCES	NEWTON
ATOMS	FREQUENCY	PHYSICS
CONDUCTION	FRICTION	REFLECTION
CURIE	GRAVITY	RELATIVITY
CURRENT	HAWKING	SPECTRUM
DENSITY	HERTZ	THEORY
DISPERSION	KINETIC	TURBINE
EFFICIENCY	MAGNETISM	VELOCITY
EINSTEIN	MASS	WATTS
ELECTRICITY	NEUTRONS	

Star Wars

```
R C C W V N A D K Y K D N K X K
T O B H I A R B A J D J R S F E
C O B K E O D V B O K R E A S Y
W S A I I W I A F A E X B W K O
R N O D W N B I R D J F E A Y D
A W G L M A G A E R L I L J W A
N A B O O O N E C S L A S I A Y
X L D S D Q P V M C L R M N L K
W A W N F S I T H T A U A I K R
I R A Z D L I G H T S A B R E O
N L E N I O O T A T K H U T R R
G R A T A H N H A E C R O F H E
N L Z I S A T F H J P I T U C P
Q R S D I A A O O T X O K C I M
K O W E W R L A H C E M P I R E
F W L J I K V B T R R L Y Q Q H
```

ANAKIN	JAWAS	SITH
BLASTER	JEDI	SKYWALKER
CHEWBACCA	LANDO	SOLO
DROID	LANDSPEEDER	TATOOINE
EMPEROR	LEIA	VADAR
EMPIRE	LIGHTSABRE	XWING
EWOK	MUSTAFAR	YAVIN
FORCE	NABOO	YODA
HOTH	OBIWAN	
JABBA	REBELS	

<u>Tools</u>

```
S R H C N E R W N G K F U C S P
G C B M M Y S Q Z P C A O Q L M
N W R J A P L E S I H C U J I A
A G C E A E L I F L O A M C C L
I C O N W X D E T W R Y G H N C
L Q N Q L D J A P E R G H A E H
S E R L N R R Y L A B L A I P C
R Z I W E S R I Z B T D C N Y E
S R E N J H C P V R E Y F S Y S
D Y A P L I E R S E E H J A W H
K L K N I F E G E O R M F W A O
P L G B V Y F Y T W I W M X S V
I C E X O A L E N M S M B A C E
E L D V X F B Z E H M G C M H L
T J L K E I T S N L L Z U K Z Y
F J W O B L D W O B I Z M U C E
```

BELT	KNIFE	SCREWS
BLADE	LEVEL	SHOVEL
CHAINSAW	NAILS	SPANNER
CHISEL	PENCIL	SQUARE
CLAMP	PLANER	TAPE
DRILL	PLIERS	WRENCH
FILE	SAW	
HAMMER	SCREWDRIVER	

Fortnite Towns

```
P J D X J S D T L S C M S W N T I F E S
A U F E N G N F A H H X G H M Z D A S K
L M B O T A N F N A W O R T I B K T I N
M C B K S L P C D F E V O R G F Y A D I
S B N A V D I Q I T Y D U S T Y T L A L
Y U E P X W L T N S A T L R X C X Y R N
J L Z J T D R E G S O R L R O Y W V A N
P F A C T O R Y I W D A X A W S R X P B
F O X L Y C R U N F O H V K S A U S S E
M K I K F I S X F P Y D A X Y E I R D G
U F A L S P A O W N G E I U K R J E O E
O E U K R Y T S E R O H S V N G D W O O
L S Y I L A S L E E R I L Q O T H O W P
H Q N E M G N I L I A W T U Z T E T P A
Z G N O S L O D G E F S J C C L V D F R
S O T I U L V U H G B R E E N K A L E K
L W V P P E L F W W I E X E L U Y K B D
G E E T N Z Z I W W E C V I L Y J V E D
S E Z E E Z G P H M Y A J F R E T A I L
V O R T X L A Z Y B B J I R A E X Z Y Z
```

DIVOT	JUNCTION	PALMS	SHIFTY
DUSTY	JUNK	PARADISE	SHORES
FACTORY	LAKE	PARK	SNOBBY
FATAL	LANDING	PLEASANT	SPRINGS
FIELDS	LAZY	REELS	TILTED
FLUSH	LEAKY	RETAIL	TOMATO
GREASY	LINKS	RISKY	TOWERS
GROVE	LODGE	ROW	TOWN
HAUNTED	LONELY	SALTY	WAILING
HILLS	LUCKY	SHAFTS	WOODS

<u>Sports</u>

```
L T S S R R T R E V A L S Y E C Z R M F
R L M W E T U L O W M M N H S R M Z W A
H R A C I N L L A B E S A B S I V B E T
R Q C B N M L Y E K C O H Q O C G A Y Z
I O Z I T E M K P P D Q M T R K P S L O
S D N Q Y O A I X B G G E Q C E J K B W
P G Y B K V O W N G N S Q V A T X E R T
T Q A J E D X F N G I O V Z L H Y T L U
V L N H U M V I U L I M P T E W S B O N
L U H X G K T E N A K L I I Y Y B A P W
E X U I U O D E K J S I Y E B K P L Z P
N R O M O G I S V I Z K G X A H T L F W
N X U H I O Z C U U G N D K W O M G E P
W X S G V L U S R C K Z T H X J N X V Q
T I K N B F J R Y A J M K Q Z U J L U A
C I G W I Y Q L A T C Y C O Y Y N M W N
S O F T B A L L E N B S T E N N I S L F
E R V M G J J K E O E U A X C O A E S Q
G P K C L H L S U X Y O I N J T V T M G
T T L W V F N J D Z K U H Q F H G T I P
```

BASEBALL	LACROSSE	SOCCER
BASKETBALL	NASCAR	SOFTBALL
CRICKET	RUGBY	SWIMMING
FOOTBALL	RUNNING	TENNIS
GOLF	SHOOTING	VOLLEYBALL
HOCKEY	SKIING	

U.S States (45/50)

```
W T D D N M I A K N I N A E X N T A A A
N E I U A I M L E R O R R W O Z O N K I
A L S I M O S W L R O I U T O D F O S N
A T N T H I M N T I H Y G O A I L Z A R
I E O A V E N H O S N N W R S M O I R O
G Z L K X I D N P C I O O E A S R R B F
R K T I A A R M E H S L I R N C I A E I
O T C A K D A G S S O I Y S I O D M N L
E O P O N H H A I C O L W I L N A L A A
G S T Z W I W T Q N A T A D O N H O L C
S A X E T Y L Q U N I W A I R E O C A I
F Q N U Y X N O D O A A H S A C N K B N
D E L A W A R E R H S O F A C T E E A D
M P E N N S Y L V A N I A S H I W N M I
L O U I S I A N A A C Z U N T C J T A A
E E S S E N N E T Y D H I A U U E U K N
V I R G I N I A N V W A T K O T R C S A
S T T E S U H C A S S A M R S A S K A U
D N A L S I E D O H R U S A O H E Y L O
R N A G I H C I M O N T A N A N Y K A K
```

ALABAMA	ILLINOIS	NEBRASKA
ALASKA	INDIANA	NEVADA
ARIZONA	IOWA	NEW HAMPSHIRE
ARKANSAS	KENTUCKY	NEW JERSEY
CALIFORNIA	LOUISIANA	NEW MEXICO
COLORADO	MAINE	NEW YORK
CONNECTICUT	MARYLAND	NORTHCAROLINA
DELAWARE	MASSACHUSETTS	NORTH DAKOTA
FLORIDA	MICHIGAN	OHIO
GEORGIA	MINNESOTA	OKLAHOMA
HAWAII	MISSOURI	PENNSYLVANIA
IDAHO	MONTANA	RHODE ISLAND

SOUTHCAROLINA   TEXAS   WASHINGTON
SOUTH DAKOTA   UTAH   WEST VIRGINIA
TENNESSEE   VIRGINIA   WISCONSIN

<u>Conclusion</u>

You made it! Great work making to the end of this word search puzzle book. I hope you had fun and learnt a few things along the way.

Keeping your mind active and brain stimulated with word search puzzles comes with great benefits such as developing your word and pattern recognition, recognising context clues, extending vocabulary, and much more!

If you liked solving these word searches, why not test your mind with some other puzzle books? Sudoku, crosswords, fallen phrases, mazes and cryptograms to name a few can keep you entertained for hours upon hours.

If you liked this book it would be greatly appreciated if you could leave a review on amazon. Let me know what you liked or even what you didn't like, and I can take it on board for my next release.

-Merrick Mitchell